I0796696

LES GRANDS REQUINS BLANCS

Julie K. Lundgren

Un livre de la collection
Les jeunes plantes de Crabtree

TABLE DES MATIÈRES

Crabtree Publishing
crabtreebooks.com

Soutien de l'école à la maison pour les parents, les gardiens et les enseignants

Ce livre aide les enfants à se développer grâce à la pratique de la lecture. Voici quelques exemples de questions pour aider le lecteur ou la lectrice à développer ses capacités de compréhension. Les suggestions de réponses sont indiquées en rouge.

Avant la lecture

- De quoi ce livre parle-t-il?
    - *Je pense que ce livre parle des grands requins blancs.*
    - *Je pense que ce livre me dira ce qu'ils mangent.*

- Qu'est-ce que je veux apprendre sur ce sujet?
    - *Je veux savoir où vivent les grands requins blancs.*
    - *Je veux savoir combien de dents ils ont.*

Pendant la lecture

- Je me demande pourquoi…
    - *Je me demande quels outils sont utilisés pour étudier les grands requins blancs.*
    - *Je me demande pourquoi les gens tuent les requins pour leurs dents.*

- Qu'est-ce que j'ai appris jusqu'à présent?
    - *J'ai appris que chaque nageoire du requin est unique, comme les empreintes digitales.*
    - *J'ai appris qu'ils nagent autant dans les eaux profondes que peu profondes.*

Après la lecture

- Nomme quelques détails que tu as retenus.
    - *J'ai appris que les grands requins blancs sont les chasseurs les plus meurtriers de la mer.*
    - *J'ai appris qu'ils attrapent et mangent des raies, des tortues de mer et des otaries de Californie.*

- Lis le livre à nouveau et cherche les mots de vocabulaire.
    - *Je vois le mot* ***rôdent*** *à la page 6 et le mot* ***dorsale*** *à la page 16. Les autres mots du glossaire se trouvent aux pages 22 et 23.*

LE GRAND REQUIN BLANC

Quel poisson est le chasseur le plus meurtrier de la mer?

Le grand requin blanc! Il attrape de grosses **proies**.

INFO AU DOSSIER

Les raies, les tortues de mer et les otaries de Californie sont des proies pour les grands blancs.

Les grands blancs **rôdent** sous leur proie, puis montent rapidement pour les attraper.

Ils peuvent sentir les mouvements des animaux **lointains**.

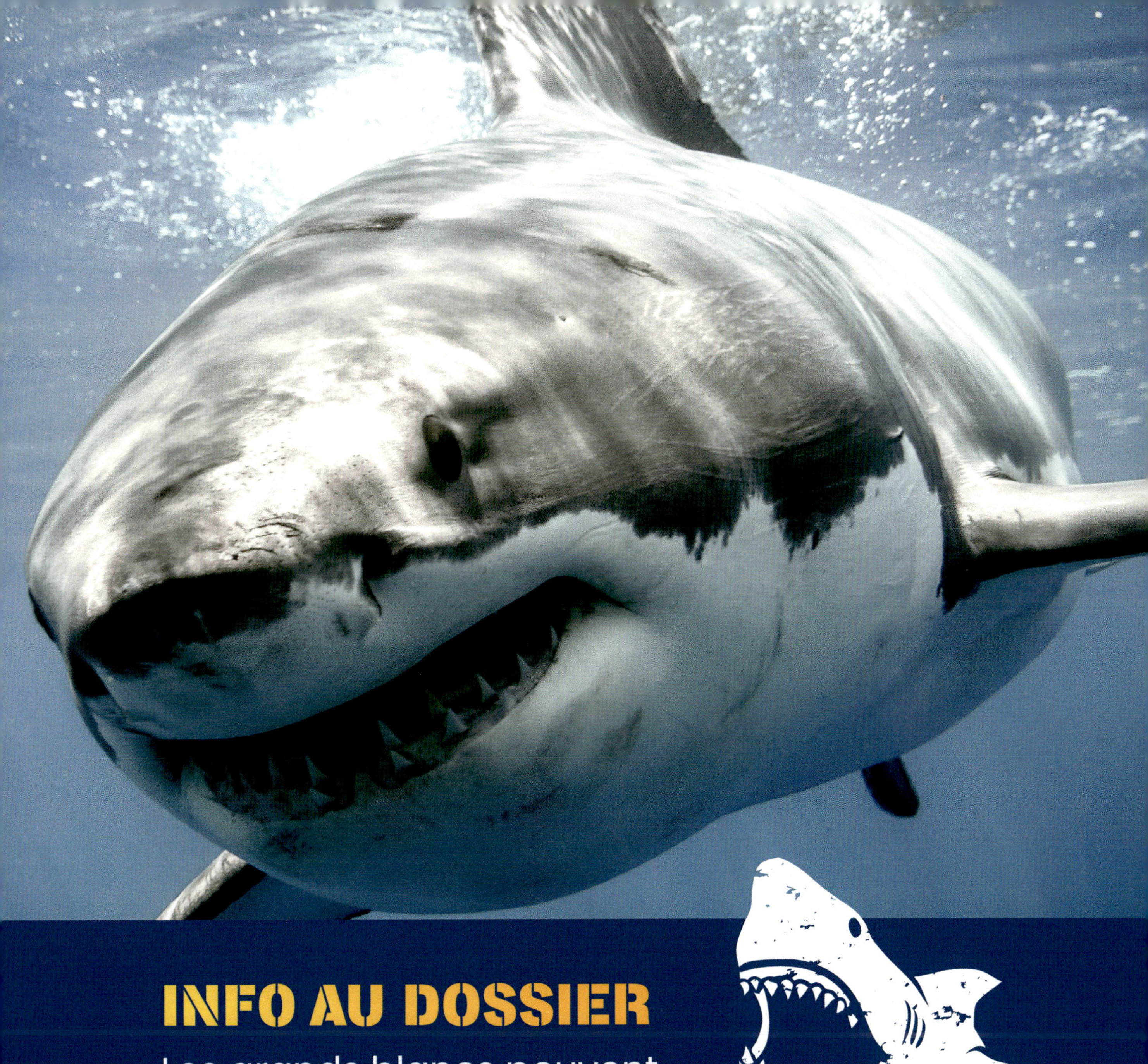

INFO AU DOSSIER

Les grands blancs peuvent très bien voir et entendre.

Leurs **dents** acérées tranchent la nourriture. Gloup!

Ils nagent autant dans les eaux profondes que **peu profondes**.

Des outils nous aident à étudier les requins.

Chaque requin a une nageoire **dorsale** qui ne ressemble à aucune autre.

INFO AU DOSSIER

Nous connaissons chaque requin par sa nageoire, comme une empreinte digitale.

Les gens tuent les requins pour prendre leurs mâchoires, leurs dents et leurs nageoires.

Il y a beaucoup plus à apprendre au sujet des grands requins blancs.

GLOSSAIRE

dents (dan) : Les dents sont des organes de la bouche, blancs et osseux, qui sont utilisés pour mordre et mâcher.

dorsale (dor-sal) : Une nageoire dorsale est celle qui se trouve sur le dos d'un requin.

lointains (lo-in-tin) : Les animaux ou objets lointains sont à grande distance.

peu profonde (peu pro-fon-de) : L'eau peu profonde est souvent située près des terres.

proie (proa) : Une proie est tout animal chassé et mangé par un autre animal.

rôdent (reaud) : Rôder signifie se cacher sournoisement en silence.

Index

À propos de l'autrice

Julie K. Lundgren

Julie K. Lundgren a grandi près du lac Supérieur, où elle s'amusait dans les bois, cueillait des baies et enrichissait sa collection de pierres. Ses intérêts l'ont conduite à un diplôme en biologie. Elle vit au Minnesota avec sa famille.

Sites Web

Les sites Web sont en anglais seulement.

www.montereybayaquarium.org/animals/animals-a-to-z/white-shark
www.natgeokids.com/uk/discover/animals/sea-life/great-white-sharks

---

Crabtree Publishing

crabtreebooks.com 800-387-7650

Au Canada : Nous reconnaissons l'appui financier du gouvernement du Canada par l'entremise du Fonds du livre du Canada pour nos activités de publication.

Imprimé au Canada/032024/CP20240229

Catalogage avant publication de Bibliothèque et Archives Canada
Titre: Les grands requins blancs / Julie K. Lundgren ; texte français d'Annie Evearts.
Autres titres: Great white sharks. Français.
Noms: Lundgren, Julie K., auteur.
Description: Mention de collection: Dossiers sur les requins | Les jeunes plantes de Crabtree | Traduction de : Great white sharks. | Comprend un index.
Identifiants: Canadiana (livre imprimé) 20210284595 | Canadiana (livre numérique) 20210284609 | ISBN 9781039609631 (couverture souple) | ISBN 9781039609693 (HTML) | ISBN 9781039609754 (EPUB)
Vedettes-matière: RVM: Requin blanc—Ouvrages pour la jeunesse. | RVMGF: Documents pour la jeunesse.
Classification: LCC QL638.95.L3 L8614 2022 | CDD j597.3/3—dc23

Publié au Canada
Crabtree Publishing
616 Welland Avenue
St. Catharines, Ontario
L2M 5V6

Publié aux États-Unis
Crabtree Publishing
347 Fifth Avenue
Suite 1402-145
New York, NY 10016

Paperback 978-1-0396-0963-1
Ebook (pdf) 978-1-0396-0969-3
Epub 978-1-0396-0975-4
Read-along 978-1-0398-0473-9
Audio book 978-1-0396-6752-5

Autrice : Julie K. Lundgren
Conception : Jennifer Dydyk
Révision : Kelli Hicks
Correctrice : Melissa Boyce
Traduction : Annie Evearts

Références photographiques : Illustration du requin du logo de la couverture : © BATKA/Shutterstock; illustration du grand requin blanc pour « INFO AU DOSSIER » : © Dashikka/Shutterstock; photo de la couverture : © Sergey Uryadnikov/Shutterstock; page 3 : © RamonCarretero/ istock; page 4 (raie et tortue de mer) : © richcarey, (otarie) : © GlobalP/istock; page 5 : © USO/istock; page 7 : © Sergey Uryadnikov/ Shutterstock; page 9 : © Ramon Carretero/Shutterstock; page 11 : © Martin Prochazkacz/ Shutterstock; page 12 : © Willyam Bradberry/Shutterstock; page 13 : © Brent Barnes | Dreamstime.com; page 15 (haut) : © Stefan Pircher/Shutterstock, (bas) : © OCEARCH/R. Snow; page 17 : © Sergey Uryadnikov/ Shutterstock; page 18 : © Alessandro De Maddalena/Shutterstock; page 19 : © Andrey Simonenko | Dreamstime. com; page 21 : © USO/istock; page 22 (photo du haut) : © Aerial-motion/Shutterstock